EL ARTE DE NARRAR

Mitos y verdades sobre los consejos
de escritores famosos para escribir
una novela

Baltazar Boeuf

Tabla de contenido

PRÓLOGO

Si tienes este libro en tus manos es porque probablemente leíste mi *Taller de escritura creativa*, un breve manual con técnicas y consejos muy específicos para escribir una novela.

Pero la técnica y el paso a paso no lo es todo cuando nos formamos en un oficio. Una buena parte viene de tu instinto y otra de la inspiración de aquellos que han recorrido este camino antes que tú.

Los consejos de escritores famosos son tan útiles como caprichosos. No siempre les vienen bien a todos los que se inician en la escritura. A veces suelen ser contradictorios o no muy claros. Esto se debe a que cada escritor desarrolla su propio proceso y en el camino se queda con unas reglas y descarta otras.

Hay consejos que suenan fabulosos pero cuando los ponemos en práctica resultan ser una traba, y hay consejos que funcionan en un momento dado, pero después ya no tanto.

He recopilado aquí los consejos de escritores que he seguido o al menos he intentado seguir, y los he comentado según mi experiencia como escritor y profesor de escritura. En algunos casos añadí algunos ejemplos de cómo considero que se pueden utilizar.

Los escritores famosos citados en las siguientes páginas no son sólo mis favoritos y pertenecen a una gran variedad de estilos. Lo que más me ha interesado es su enfoque sobre el acto de escribir y cómo este ha funcionado para algunos de mis alumnos mientras que ha sido desastroso para otros. En la selección descarté muchos consejos personales que, si bien son útiles, sirven más para la vida que para la escritura (correr cada mañana, casarse, tener un perro, salir de copas, etc.).

Mis propias observaciones a estos consejos pudieran interpretarse como un consejo en sí mismo. En ningún caso se trata de modificar los originales ni tampoco de elaborar una normativa. El objetivo de este libro es que tú, lector, formes tu propio criterio a la hora de seguir estos consejos, y los puedas hacer parte de tu vida diaria como escritor, o que simplemente los deseche porque no te resulten viables.

Para hacer la lectura más amena los clasifiqué en distintos tópicos: el uso de las frases, la ejecución de borradores, la construcción de personajes, la lectura como fuente de inspiración, la búsqueda de una voz propia, el uso de la experiencia y la imaginación, el mito de la página en blanco, el destinatario de tus historias y, por supuesto, un apartado de anti consejos, es decir, de cómo desarrollar el criterio para seguir unas reglas y romper otras (las que hagan falta).

LA SIMPLICIDAD DE LO COMPLEJO

Quizá hayas oído muchas veces la expresión "menos es más" para referirse a una forma de atributo estético. De tanto repetirse ha pasado a ser un consejo vacío. De hecho, la frase "más es más" me parece más elocuente y sencilla de aplicar. En el terreno de la literatura podríamos decir: más imágenes son más experiencias gratas de lectura, más situaciones producen personajes más elaborados, más páginas nos ofrecen más placer, etc.

Me gusta pensar que "menos es más" es una forma de no complicar innecesariamente lo que decimos. Al menos que queramos escribir un libro donde experimentos con el lenguaje, lo mejor siempre es directo al grano, usando los materiales (las palabras de nuestro idioma) que tengamos más a la mano y que nos sean más naturales. Claro que esta elección va a variar según nuestro bagaje, nuestras expectativas y nuestra apuesta personal.

Llegar a la simplicidad requiere práctica, paciencia y arte. Hay frases, e incluso cuentos enteros, que son contundentes por su brevedad, por aquello que no dicen. Recuerda el relato de siete palabras (en el original en inglés solo seis) atribuido a Hemingway: "Se vende: zapatos de bebé, sin usar". En esas líneas depuradas, directas y simples no falta nada, no sobra nada, pero qué intensidad y resonancia tienen. Hace falta mucha maestría, contención y capacidad de edición para llegar a eso.

Es posible, en un poema o un cuento, escribir sobre cosas y objetos comunes utilizando un lenguaje común pero preciso, y dotar a esas cosas -una silla, la cortina de una ventana, un tenedor, una piedra, un pendiente de mujer- de un poder inmenso, incluso sorprendente.

Raymond Carver

Carver, maestro del relato breve, presenta en pocas pinceladas una visión muy profunda del mundo. Sus frases son cortas, sus diálogos precisos y hasta cierto punto secos. Su prosa no tiene adornos porque no quiere distraernos de lo medular.

Su consejo puede ser malinterpretado como que debemos escribir con la misma sencillez con la que hablamos. Nada más alejado de eso. La prosa y el habla son prácticamente dos lenguajes diferentes.

No se trata de trasladar lo hablado a lo escrito, pero tampoco de escribir de una forma que quiera distanciarse tanto de lo hablado que complique innecesariamente el discurso. Evita usar palabras que no son comunes, o referirte a un objeto mediante una descripción truculenta en vez de por su nombre.

La prosa, es decir el lenguaje escrito, debe ser tan clara como sea posible. En la poesía, cuya finalidad y razón de ser es otra, el asunto es muy distinto, pues se trata de ver los objetos cotidianos y las emociones con otra mirada. Pero cuando estamos narrando, las palabras beso, mesa, sombrilla, lluvia, etc., deberían nombrarse con ese primer nombre, de la manera natural como se nos viene a la mente al pensarlo, el nombre que es común a todos los hablantes y con el que el lector pueda identificarse.

El principiante debe evitar el uso de adjetivos, excepto los de color, tamaño y número. Utilizar el menor número posible de adverbios.

V.S. Naipaul

El consejo del premio Nobel británico-trinitense es bastante directo. Nos recomienda que para alcanzar la escritura concisa minimicemos el uso de adjetivos y adverbios. Se dirige especialmente los principiantes porque es común que quien se inicia en la escritura quiera adornar su prosa.

Me parece un poco exagerado este consejo, sobre todo en cuanto al uso de los adjetivos. Si hacemos el ejercicio de revisar un texto propio o ajeno y eliminamos todos los adjetivos que no son de color tamaño y número, nos quedará un texto con algo faltante. Adjetivos como frágil, sucio, amargo, suave son relevantes siempre y cuando sean significativos para la historia. Muchas veces no podemos simplemente suprimirlos. Por ejemplo, si decimos que un personaje bebió de una copa de vino de cristal frágil, el adjetivo sobra, pero si decimos que la relación de dos personas se volvió frágil tras determinado evento, el adjetivo sí aporta significado relevante a la situación.

Considero que una forma más útil de aproximarse a este consejo es no adjetivar todos los sustantivos. En casi la mayoría de los casos no necesitan este acompañamiento, sobre todo cuando son obvios: manzana roja, pared dura, abrazo cálido. En otros casos hay que evitar los adjetivos muy vagos como: día **espléndido**, profesora **maravillosa**, experiencia **sinigual**. En realidad, no significan nada y en esos casos es mejor describir qué hace maravilloso, sinigual o espléndido a dichos sustantivos.

Con los adverbios que modifican los verbos y los adjetivos ocurre lo mismo. No todos los verbos o adjetivos necesitan ser modificados. En vez de matizar las acciones y los atributos con un adverbio vago (conducía **rápidamente**, me lo dijo **despacio**, juntos la pasaban **muy** bien, ella estaba **algo** hambrienta), es mejor desarrollar la situación o aportar un dato más preciso: conducía a más de cien kilómetros por hora, modulaba cada palabra con precisión, juntos se reían y disfrutaban de la vida como no lo habían hecho antes, llevaba varias horas sin comer y le estaba empezando a dar hambre.

***

Escribo lo más directo que puedo, igual que camino lo más directo que puedo, porque es la mejor manera de llegar.

H.G. Wells

***

Caminar es un acto determinado por nuestros genes y no necesita de un entrenamiento exhaustivo o especializado; podemos aspirar a escribir con la misma naturalidad con la que caminamos. Cada quien quiere escribir de una manera diferente, pero pocos quieren caminar de una manera particular (al menos que seamos actores de gags o clowns). Simplemente caminamos y ya porque queremos ir de un lugar a otro. No pensamos en poner un pie de un modo particular y doblar la rodilla con un tiento especial. A eso se refiere este consejo de Wells, debemos movernos con naturalidad para que el lector se mueva en la página con igual soltura. Así que cuando escribas piensa que estás simplemente caminando y no te pongas trabas, solo avanza.

No debemos obligar al lector a leer una frase de nuevo.

Gabriel García Márquez

Una frase solo debe leerse más de una vez por placer, porque nos gusta su sonido, o porque queremos volver a ella para apreciar lo que significa, pero si la tenemos que leer de nuevo para entenderla es porque estamos distraídos o porque está escrita de una manera tan enredada que rompe con la lectura.

Cuando estamos leyendo una historia no queremos que nos saquen de ella y una frase con múltiples incisos y complementos o palabras peregrinas que no encajan bien en el discurso son como una piedra en el camino. Acá me refiero nuevamente a la escritura de ficción donde lo importante es contar una historia. En la poesía donde lo importante son las imágenes, la cadencia y la sonoridad hay otras reglas, igual que en textos filosóficos o científicos donde conceptos elaborados seguramente ameriten leerse más de una vez. Así que, no pongas piedras en el sendero del lector, al menos que quieras que tropiece o que busque otro camino, es decir, otro libro.

Nunca uses un verbo distinto a "dijo" para introducir un diálogo. Nunca uses un adverbio para modificar el verbo "dijo".

Elmore Leonard

En ocasiones puede que te de pánico la repetición excesiva de palabras y recurras a la sinonimia. En cuanto el verbo "decir" en los diálogos hay autores que lo reemplazan de forma abusiva e incómoda para el lector, quien en el fondo sabe que el autor quiso escribir "decir", pero optó por una suerte de maquillaje, por ejemplo: musitó, refirió, espetó, masculló, profirió, expresó, declaró, manifestó, aseveró, expuso, formuló, enunció, articuló, recitó, etc. Ninguno de estos verbos reemplaza a la acción original que es "dijo", de hecho la tergiversan y la hace sonar rara, impostada, poco natural.

Ello no quiere decir que cada línea de diálogo debe ser cerrada por un "dijo", sino que muchas veces el verbo no es necesario, pues generalmente queda claro quién está hablando. Si consideras que necesitas aclarar quién habla, puedes introducir algunas líneas de diálogos con acciones de los personajes (ejemplo: Patricia le dio una bocanada a su cigarrillo antes de responder, Juan miraba distraído el cuadro tras ella mientras la escuchaba).

En algunos casos, pero sin abusar, sí conviene usar en los diálogos verbos como preguntó, respondió, susurró, repitió, agregó... pero no para sustituir "dijo", sino para darle fuerza a determinada línea de diálogo donde se interrogue, se responda, se hable muy bajo, se reitere algo ya dicho o se añada información importante a lo que se venía diciendo. Otros verbos que aportan un matiz y que conviene usar tras una línea de diálogo son: rogó, protestó, suspiró, ordenó... pues les imprimen una intención clara a las palabras de los personajes.

Respecto a la segunda parte del consejo de Elmore Leonard sugiero introducir algunos diálogos con situaciones donde se describa lo que sienten o piensan los personajes, así no hará falta escribir siempre: "dijo muy despacio", "dijo delicadamente", "respondió nerviosa", "dijo con severidad". Lo más apropiado sería crear una atmósfera donde esos personajes progresivamente experimenten los estados de ánimos que acompañan a su discurso.

Por último, me gustaría recalcar que no me parece terrible que ocasionalmente uses algún verbo de habla (refirió, comentó, expresó, etc.) para reemplazar el verbo "dijo" siempre y cuando te fluya naturalmente, es decir, que no sea forzado. Cada escritor se va a apropiando de vocablos y los lectores se acostumbran a que ciertos escritores usen determinadas palabras de manera constante y orgánica.

***

Intenta siempre utilizar el lenguaje de forma que quede bien claro lo que quieres decir y asegúrate de que tu frase no podría significar otra cosa.

C. S. Lewis

***

Evita la ambigüedad, es decir, escribe de manera que una frase no tenga más de un significado. No pongas al lector en la incómoda situación de descifrar qué quisiste expresar. La sencillez no garantiza que una frase tenga un único sentido. El típico anuncio de solicitud de personal que dice: "Se busca personal de ambos sexos" entraña una ambigüedad que por el contexto sabemos no es tal, pero que es un buen ejemplo de lo que debemos evitar al escribir. En el caso del anuncio: ¿se buscan hombres y mujeres?, ¿o se requieren hermafroditas?

Leamos estas oraciones y veamos si tienen más de un sentido: "Mi padre me regaló el libro que tanto estaba buscando, es maravilloso". "Cuando su cabeza golpeó el muro se estremeció". "Mis primos dijeron verdades muy tristes". "Andrea besó a Carlos justo el mismo día que había enviudado".

Quizá te preguntaste: ¿qué fue maravilloso, el libro o el padre?, ¿se estremeció el muro o la cabeza?, ¿eran tristes los primos o las cosas que dijeron?, ¿quién había enviudado, Carlos o Andrea?

Como ves, aunque para el hipotético autor estén clara las respuestas a estas preguntas, el lector puede tener dudas legítimas que lo hagan entender algo distinto o detenerse a analizar la frase para tratar de darle un sentido unívoco.

Descríbalo todo con sinceridad interior, tranquila, humilde, y use, para expresarlo, las cosas de su ambiente, las imágenes de sus sueños y los objetos de su recuerdo.

Rainer Maria Rilke

Podemos narrar los recuerdos, sueños o imaginaciones tal como se nos presentan, sin adornos particulares. Si los escribimos con espontaneidad el lector los podrá recrear con igual naturalidad al leerlas. Si lo que queremos contar representa algo valioso, es mejor escribirlo de manera cristalina, directa y concisa tal como lo sentimos o experimentamos. La retórica suele matar la emoción.

No escribas nada que no dirías en voz alta: no digas "acaso" sino "quizá". No digas "no obstante" cuando quieras decir "pero". Y así sucesivamente.

Lev Grossman

El consejo no se refiere a no escribir malas palabras o ideas que prefieras reservar para el ámbito privado, sino a no emplear en la escritura aquellas frases que no usas en tu día a día.

En mi opinión no es que no se deban usar ciertos vocablos, pues por algo existen decenas de miles de palabras en nuestro idioma. Si las condenáramos al olvido desaparecerían. Insisto en que este tipo de consejos varía de autor a autor. Si para ti la expresión "acaso", "estirpe", "nupcias" te surgen de manera natural como parte de tu lenguaje y son constantes en tu texto, considero es válido emplearlas.

Cada uno aprovecha la riqueza de su idioma; además, el lenguaje no es igual para todos pues depende de nuestros gustos, nuestra formación y nuestro contexto. Solo te recomiendo que lo uses con conciencia y no caigas en la tentación de reemplazar "casa" por "vivienda" o por "morada" solo por querer usar una palabra diferente a la más común, o porque pienses que debas usar sinónimos a cada rato.

ESCRIBIR ES REESCRIBIR

Como vimos en el capítulo anterior, la simplicidad no es nada sencilla; depurar un texto para que sea legible, ameno y claro demanda mucho trabajo. La belleza de lo simple no brota sin más, se requieren múltiples ajustes hasta alcanzar la frase que consideramos apropiada.

No hay un número mágico de borradores o de intentos, eso lo decide cada autor según sus manías y expectativas, pero sin duda las revisiones y reelaboraciones son lo que más llevan tiempo en el proceso de escritura.

Escribir no es pasar por largos períodos de reflexión hasta que esa frase precisa que buscamos aparezca de pronto, sino más bien probar mediante ensayo y error, múltiples revisiones y ajustes hasta encontrar la mejor manera posible de plasmar una idea, un diálogo, una descripción o una serie de acontecimientos.

No mezcles escritura con reescritura. Son procesos diferentes que requieren jornadas diferentes, incluso épocas diferentes. Si escribes una página y ese mismo día o al siguiente la quieres revisar y rehacer, poco avanzarás o tu progreso será tan lento que la frustración se impondrá sobre tu paciencia.

Olvida que existe la página perfecta. Cuando escribas no pienses en eso, ni pienses en cómo la corregirás. Solo cuando ya hayas avanzado lo suficiente o estés muy agotado para producir material nuevo, entonces sí revisa y reescribe. Avanza sin pausa como si esa primera escritura fuese un material publicable (aunque evidentemente no lo sea). Acumular páginas, aunque sean descartables, es mucho mejor que quedarse atascado durante semanas en una página bien lograda.

Los libros no se escriben, se reescriben.

Michael Crichton

Ciertamente la escritura es reescritura, volver sobre lo escrito para pulirlo, como el escultor vuelve sobre la piedra, una y otra vez.

Esta cita equivale a decir que escribir es fácil, lo difícil es reescribir, es decir, corregir, dar forma final. Cinco, siete, nueve, once borradores... antes de la versión final. No es para que te sientas abrumado, pero si apenas vas por la segunda versión de tu borrador aún no estás cerca de terminar. Así que sigue reescribiendo.

En el fondo, si queremos ser lo más precisos con nuestro oficio, quizá deberíamos llamarnos *reescritores* en vez de escritores.

***

Escribe libremente y con la mayor rapidez posible, y échalo todo al papel. Nunca corrijas o reescribas hasta que todo esté escrito. La reescritura durante el proceso suele ser una excusa para no seguir adelante.

John Steinbeck

***

El hecho de que sepamos que tenemos que reescribir una y otra vez nuestro texto original no debe ser tomado como excusa para detenernos indefinidamente en una frase o en un capítulo. La clave es avanzar y luego organizar los tiempos para hacer ajustes, y luego de los ajustes organizar los tiempos para realizar las correcciones profundas o reescrituras.

Tu primera idea puede ser buena, o no muy buena, pero si sientes que pertenece a tu historia plásmala como se te ocurra, en palabras sencillas. Más tarde la podrás reformular si te parece muy pobre o que le falta trabajo. Solo se puede trabajar sobre lo ya escrito, no sobre ideas en la cabeza. Así que escribe como te salga, el grueso del trabajo viene luego.

****

***

Todo primer borrador es una mierda.

Ernest Hemingway

***

En efecto lo es. El primer borrador no es un manuscrito terminado, está lejos de serlo, es material en bruto, así que no pretendas que sea de otra manera. El quinto borrador de un relato o una novela quizá ya sea el final. No obstante, el primero es igual de importante porque ahí está el germen de todo. Si pensáramos en la escritura como un maratón, los primeros metros se recorren de manera muy torpe, pero estos metros son los cruciales para allanar el camino. Así que no te desanimes, pero tampoco te confíes de tu primer par de borradores. Recomiendo que te tomes un tiempo entre cada uno de ellos, un par de semanas o incluso un mes, para así lograr la distancia necesaria que te permita pulirlo. Entretanto puedes trabajar en otros proyectos.

***

No te sientes en medio del bosque. Si te pierdes en la trama o te bloqueas, vuelve sobre tus pasos hasta donde te equivocaste. Luego toma el otro camino. O cambia de persona. Cambia el tiempo. Cambia la página inicial.

Margaret Atwood

***

Básicamente así debe ser el día a día de un escritor. Rehacer, volver los pasos.

Insisto: no te sientas mal si estás estancado en páginas que sabes no son buenas. Hasta a los más grandes les ocurre lo mismo, y no tienen problema en confesar que así les pasa. Habrá uno que otro superdotado que en una sentada logra producir una página perfecta, pero así no funciona con la mayoría. Escribir requiere de mucha paciencia y de gran capacidad para volver atrás y saber cuándo es momento de tomar otros caminos.

***

No escribas bajo el imperio de la emoción. Déjala morir, y evócala luego.

Horacio Quiroga

***

Esta cita me recuerda a un consejo de Stephen King quien recomienda no tener un bloc de notas para anotar las ideas. Según él, si la idea es realmente buena y capaz de obsesionarte va a permanecer en ti, madurar, y en algún momento, con el paso de los años, va a aflorar con mayor fuerza y nitidez.

Yo creo que a veces la emoción nos obnubila y nos hace pensar que una idea es muy buena. Pero yo no recomiendo omitir la escritura de esa emoción inicial, lo mejor es ponerla por escrito; las imágenes en la cabeza no son iguales a las palabras en el papel o en la pantalla. Hay que traducir y trasladar las ideas a un soporte físico, aunque las desechemos luego. Siempre es mejor tener el germen allí, visible, fijo, para examinarlo después con los ojos fríos, cuando la emoción inicial allá pasado.

Prefiero interpretar este consejo como no confiar ciegamente en lo que escribimos bajo esa primera emoción.

Dominar el arte literario ciertamente consiste en revivir esa emoción originaria, pero no le veo problema alguno en que tomemos como punto de partida algunas notas. Escribe con emoción. Reescribe con frialdad.

Así como muchas ideas que en principio nos parecen fabulosas, luego con el tiempo se revelan como torpes, también ocurre que alguna idea aparentemente sonsa que escribimos sin mucho énfasis luego va creciendo como una bola de nieve y se convierte en algo fantástico. Así que lleva siempre contigo tu cuadernito de notas, luego puedes quemarlo si al revisarlo tiempo después no te convence nada de lo allí anotado.

***

Guarde el relato en un baúl un año entero y, después de ese tiempo, vuelva a leerlo. Entonces lo verá todo más claro. Escriba una novela. Escríbala durante un año entero. Después acórtela medio año y después publíquela.

Antón Chéjov

***

Quizá un año sea excesivo para dejar madurar un relato. Lo importante de este consejo es que todo texto necesita un tiempo en el cual tomemos distancia y lo abordemos como si no lo hubiésemos escrito nosotros. Debemos meternos en la piel de un editor, uno muy crítico, a la hora de reescribir nuestro texto.

En cuanto a su consejo sobre la novela, el autor ruso sugiere que acortarla nos debe tomar la mitad del tiempo que nos tomó escribirla. No es para tomárselo de manera literal, pues a cada quien le llevará menos o más tiempo. Para muchos autores la proporción podría ser inversa: escribe una novela durante seis meses y luego dedica doce meses a recortarla.

En todo caso, lo que me parece interesante es que se refiere a recortar, no a agrandar. En el recorte, en la eliminación de la materia sobrante, está gran parte del talento de un autor. J. R. R. Tolkien decía que recortaba hasta tres cuartos o más de lo que escribía. No en vano el escritor Truman Capote decía que creía más en las tijeras que en lápiz.

A veces nos encaprichamos y no queremos desperdiciar nada, pero con el tiempo se desarrolla la madurez para reconocer que así debe ser.

¿Pero qué hay que eliminar entonces? Comienza por las descripciones redundantes, los lugares comunes, los adjetivos innecesarios, los diálogos que no proporcionan nueva información, las escenas que no empujan a los personajes a moverse... en fin, todo lo que sea una piedra en el camino, todo lo que a ti como lector te haría abandonar o saltarte páginas.

CUESTIÓN DE CARÁCTER

Los tres pilares fundamentales de la narración son los personajes, la trama y el universo narrativo.

Los relatos, por su naturaleza compacta, tienden a dar más importancia a la trama, es decir, a un desarrollo veloz de acontecimientos que generalmente nos dejan con una sensación de perplejidad. En la novela, si bien la trama es crucial, los personajes tienen más tiempo de evolucionar. En el relato breve, casi siempre los personajes ya están evolucionados, como dioses que nacieron caminando y en edad madura. En la novela se espera que los personajes cambien poco a poco. En cuanto a los universos narrativos también tienen más desarrollo en la novela que en un relato.

De estos tres elementos son los consejos relacionados con el desarrollo de personajes los que me parecen más valiosos. Usualmente empezamos a escribir pensando en una serie de acciones situadas en un contexto (fantástico o real), y existe el riesgo de que los personajes se conviertan en títeres que colocamos en lugares y en situaciones preestablecidas.

Como lectores, solemos recordar más a los personajes que el detalle de sus vicisitudes. Los lugares y los sucesos pueden sorprendernos mucho, pero no producen empatía como sí lo hacen las personas, sus contradicciones, sus temores, sus deseos y sus derrotas.

El carácter de un personaje siempre será más memorable que lo rocambolesco de una acción o lo fantástico de un universo. Mi recomendación general es que, para crear historias más vívidas, no acomodes los personajes a un guion preestablecido, sino que los dejes reaccionar a los sucesos.

Primero, averigua qué quiere tu héroe y luego síguelo.

Ray Bradbury

Un personaje debe sorprenderte a ti mismo como autor. Si tu personaje sigue al pie de la letra cada una de las acciones que tienes planteadas de antemano quizá termine siendo un personaje poco creíble.

Los mejores personajes son los que se rebelan contra tu plan de escritura; solo de esa manera desarrollan su verdadero carácter, aquello que los hace únicos. Si tratas a tu personaje como un títere, tu lector lo percibirá de la misma manera: acartonado, sin sentimientos, incapaz de parpadear, dudar o arriesgarse.

Trata a tus personajes como personas a quien espías, las sigues a todos los lugares donde van, y después de un tiempo aprendes a saber cómo piensan. En función de eso escribe entonces cómo crees que actuarían según quiénes son y lo que les va ocurriendo.

Todo el mundo es un asesino en potencia. En todos surge de vez en cuando el deseo de matar, aunque no la voluntad de hacerlo.

Agatha Christie

Aunque me parece exagerada esta visión de mundo, lo valioso de este consejo es que debes considerar a tus personajes capaces de hacer cosas que aparentemente no harían.

La elaboración del perfil de los personajes para un proyecto de novela te sirve para determinar algunas características físicas y rasgos de personalidad. Eso está bien como punto de partida. Pero al momento de escribir debes explorar sus más oscuras pasiones. Averigua qué son capaces de hacer, aunque eso contradiga sus rasgos de personalidad. Ten en cuenta tus propios deseos y pensamientos más oscuros, aquellos que solo afloran en momentos de quiebre, desesperanza, ira, locura. Bajo esa lupa debes considerar también a cada uno de tus personajes.

***

Al escribir una novela, un escritor debe crear personas vivas; personas, no personajes. Un personaje es una caricatura.

Ernest Hemingway

***

No estoy del todo de acuerdo con esta cita. Considero que los personajes pueden ser verosímiles aun siendo exagerados: Don Quijote, Sherlock Holmes, Lisbeth Salander, Ignatius Reilly, Matilda son personajes de rasgos bastante extremos, y rebosan de vida, existen tanto o más que muchos de nuestros conocidos.

A fin de cuentas, lo más importante es que los personajes sean coherentes con ellos mismos. Y que sus acciones y deseos sean congruentes con su personalidad por muy excéntrica que esta sea.

Hemingway también aconseja sobre la conveniencia de que los personajes sean personas comunes en situaciones no tan comunes, sin embargo, lo contrario es también muy válido: personas extravagantes en situaciones anodinas. Ambas aproximaciones funcionan. Lo importante es que los personajes parezcan reales, que sientan, que tengan deseos, esperanzas y miedos.

Todos los personajes deben querer algo, aunque sea un vaso de agua.

Kurt Vonnegut

Todo personaje en una historia debe tener un propósito, una carencia o un deseo. Eso es lo que lo mueve. Si el personaje no necesita o no quiere nada entonces no hay historia. Esta necesidad puede ser tan compleja como hacerse de un trono, escapar de la mafia, recuperar un amor perdido o algo tan sencillo como conocer el mar, obtener un empleo o beber un vaso de agua.

La imagen del vaso de agua no es meramente simbólica (de hecho, para un personaje en una caravana del desierto puede ser un objetivo de vida o muerte). No podemos olvidar que los personajes ocasionalmente tienen necesidades básicas. En una historia eventualmente deben comer, dormir, bostezar, ir al baño, etc. No se trata de que cumplan con los mismos ciclos biológicos de la realidad ni tampoco que les adjudiques un tic donde siempre estén consumiendo un whiskey, un cigarrillo o una goma de mascar (a menos que quieras enfatizar un rasgo muy específico).

En su viaje, todo personaje quiere algo grande, pero también quiere cosas chicas; lo primero lo hace heroico, lo segundo lo hace humano.

***

Al escribir, debes matar a todos tus queridos.

William Faulkner

***

Este es otro de esos consejos que no debes seguir al pie de la letra, mucho menos si tu historia no transcurre durante una guerra o una hecatombe zombie. Es verdad que la muerte es parte del ciclo de la vida y eventualmente las personas mueren. Eso no significa que en el arco de una historia debas llegar hasta ese punto. Prefiero leer este consejo como el no encapricharse con un personaje al punto de consentirlo y que lo salves milagrosamente de situaciones de verdadero peligro. Si le toca morir, déjalo morir, si no pues que viva, pero no seas condescendiente. Hasta Connan Doyle mató a su personaje Sherlock Holmes... aunque luego hubo de resucitarlo.

***

Escribe personajes que sean a la vez muy pequeños y muy tenaces; a la vez muy frágiles y muy heroicos. Que tengan contradicciones.

Virginia Woolf

***

En el contraste está la riqueza. Procura atribuirles a tus personajes rasgos contrapuestos pero que puedan ser complementarios. Un buen personaje es aquel que avanza en la historia llevando a cuestas esas características contradictorias que lo hacen único. Intenta crear personajes que sean al mismo tiempo hoscos y tiernos, bonachones y tacaños, tristes y eufóricos, heroicos y dubitativos, pesimistas y altruistas... Así en muchas de sus decisiones los personajes pondrán algo de cada uno de esos rasgos y los resultados serán inesperados.

Sé sádico. Por muy dulces e inocentes que sean tus personajes principales, haz que les ocurran cosas horribles, para que el lector vea de qué están hechos.

Kurt Vonnegut

Como referimos páginas atrás, no seas condescendiente con tus personajes. Haz que tengan experiencias muy duras para que revelen su personalidad profunda de acuerdo con los rasgos iniciales de los que partiste para crearlos. La pérdida del hogar, las peleas, las enfermedades, las muertes, las traiciones producen reacciones extremas en las que cada personaje actuará de acuerdo a como en realidad es.

Si todo es color de rosa, si no pasa nada que los pongan a prueba, tus personajes se comportarán de manera plana, sin diferenciarse unos de otros. Estas situaciones extremas pueden ser propiciadas por el azar, por otros personajes o por ellos mismos, pero en todos los casos son experiencias que los vuelven más afilados.

La personalidad de todos nosotros está casi siempre domada, protegida por la coraza de la normalidad, de lo predecible, y solo aflora con verdadera fuerza cuando perdemos esa estabilidad. A tus personajes les pasa lo mismo.

TODO EMPIEZA EN LA LECTURA

La escritura es una prolongación de la lectura. Escribimos porque hemos leído tanto que queremos emular esa magia. Escribimos porque queremos que exista una historia que aún no ha sido escrita. Escribimos porque queremos darle forma a una obsesión, a una fantasía, a una pesadilla... Seguro hay muchas razones más, tantas como escritores, pero siempre el acto de escribir está enlazado con el acto de leer. Podemos imaginar un chef que no halle placer en comer, o un futbolista al que le aburra ver partidos, pero resulta inconcebible un escritor que no le guste leer y que no busque el tiempo para hacerlo.

Gran parte del aprendizaje del oficio del escritor viene de la lectura abundante, variada y apasionada. De la formación académica como escritor se pueden aprender detalles puntuales, vislumbrar caminos, pero en realidad lo que forma a un escritor es la lectura, y mientras más variada mejor: novelas, poesía, ensayos, manuales, cuentos, memorias, diarios, reportajes, bitácoras. Todo es nutritivo. Y en el caso de los escritores de ficción, por supuesto mucha ficción de diversas culturas, épocas y géneros, clásicos y contemporáneos, posmodernistas, de terror, romance, de piratas, de magos, de costureras, de guerreros, etc., el ámbito es tan variado como la imaginación. Lo importante es que esas lecturas te resulten placenteras, inspiradoras y que te sirvan de modelo.

***

*Lee, lee, lee todo, la basura, los clásicos, lo bueno
y lo malo, y mira cómo lo hacen. Como un
carpintero que trabaja como aprendiz y estudia al
maestro. Lee. Lo absorberás. Luego escribe. Si es
bueno, lo descubrirás. Si no lo es, tíralo por la
ventana.*

William Faulkner

***

Me gusta que un premio Nobel no haga distinciones ni promueva solamente leer lo que está en el canon.

Los clásicos son vitales para nuestra formación como escritores, pero también las novelas comerciales; todo aquello que no entra en la biblioteca de los más severos críticos es para un escritor material importante, pues de todo se puede obtener placer y aprendizaje. De tanto leer aprendemos a saber qué esperar de un buen libro. Se va desarrollando un gusto que a su vez se convierte en herramienta.

Y de los malos libros se aprende lo que no hay que hacer. ¿Pero cuáles son los malos libros? Eso es un descubrimiento personal. Yo considero que son aquellos que solo repiten los lugares comunes, que no resuenan, que no nos sorprenden, que no nos sumergen en la historia, que son tediosos, imposibles de terminar y que nos dejan una sensación de haber perdido el tiempo al leerlo. Si un libro te da esa sensación no solo abandónalo, sino también analiza qué te hizo huir de sus páginas. Si el efecto es el contrario, subraya, toma notas y reflexiona qué fue lo que lo hizo maravilloso.

***

Siempre me quedo helado y asombrado por los aspirantes a escritores que me piden consejo y admiten, alegremente, que "no tienen tiempo para leer". Es como si un tipo que empieza a subir al Everest dijera que no ha tenido tiempo de comprar cuerda o clavijas.

Stephen King

***

La lectura no es una actividad adicional a la escritura. Es una parte esencial que la sostiene. No es una fuente de inspiración o de conocimiento inicial que luego es prescindible. Incluso un médico o piloto de aviones puede aprender y luego dedicarse a su profesión sin instruirse más (aunque en algún momento quedará rezagado), pero con la lectura es diferente, pues aunque podemos leer con ojo crítico para aprender de los maestros y tratar de descifrar sus técnicas, como escritores leemos sobre todo porque la lectura nos otorga un lugar en el mundo. Los libros leídos pasan a formar parte de nuestro espíritu y le van dando forma a nuestra voz.

Es cierto que puede haber días donde estemos tan metidos en un proyecto de escritura que no tengamos tiempo apenas para otra cosa, y puede que leamos un poco menos, pero en general, a lo largo de una carrera literaria, para escribir bien hay que dedicarle más horas a leer que a escribir.

***

*Que otros se jacten de las páginas que han escrito;
a mí me enorgullecen las que he leído.*

Jorge Luis Borges

***

Uno de los más notables exponentes de la literatura universal, siempre propenso a las bromas y a las finas ironías, reconoce que la felicidad de la lectura es superior a la de la escritura. Para Borges la biblioteca es el mundo ideal, y la escritura es una nota al pie, un comentario al universo de las obras ya escritas.

En sus ficciones Borges mezcló con gran inteligencia la invención con el comentario, el libro fingido con el verdadero. Para él la lectura y la escritura no son dos verbos diferentes entre sí. En su obra confluyen el misticismo, el relato policial, el dato histórico, la refutación filosófica, las paradojas de la inmortalidad, la perplejidad ante los espejos, el dato enciclopédico, el deambular en los laberintos... todo ello sobre el telón de fondo de sus variadas lecturas.

Borges es el mejor ejemplo de cómo un buen lector (el que lee en abundancia, el que vive para leer, el que lee con otra mirada, el que critica y reverencia a un tiempo) se convierte en un buen escritor.

***

Creo que lo más importante para cualquier aspirante a escritor es leer. Y no sólo sobre el tipo de cosas que quieres escribir, ya sea fantasía, ciencia ficción, cómics o lo que sea. Hay que leer de todo. Lee ficción, no ficción, revistas, periódicos. Lee historia, ficción histórica, biografía. Lee novelas de misterio, fantasía, ciencia ficción, terror, clásicos literarios, erótica, aventuras, sátira. Todos los escritores tienen algo que enseñarte, para bien o para mal.

George R. R. Martin

***

Aunque decidas escribir en un género muy específico tu libro solo tendrá el chance de ser notable si se nutre de amplias y diversas fuentes. Novelas policiales, ensayos sobre botánica y relatos de ciencia ficción son más útiles para un escritor de novelas románticas que las propias novelas románticas, pues en la mezcla está el germen de un posible resultado novedoso. Recuerda que no hay géneros puros.

TU VOZ: ESTILO Y BELLEZA

Hay muchas definiciones y aproximaciones a lo estético. Las formas de belleza son tan variadas como culturas y ojos hay. Lo bello es lo agradable a los sentidos, pero lo bello también es lo perturbador, lo rítmico, lo caótico.

Si bien un texto estético puede estar expresado con frases sencillas (como vimos más atrás), los consejos comentados en este apartado tratan sobre cómo construir imágenes y ordenar el discurso. Es una selección de citas que nos dan luz sobre la poética personal de algunos autores.

Lo relevante para ti como escritor es tener la conciencia de que con el tiempo encontrarás o refinarás tu estilo (tu manera de escribir) para crear libros originales que tengan un sello, es decir, que quien los lea sepa que detrás hay una voz con sus obsesiones, manías y giros particulares en el uso del lenguaje.

***

No me digas que la luna brilla; muéstrame el brillo de la luz en los cristales rotos.

Antón Chéjov

***

Seguramente has escuchado este consejo un montón de veces. Aunque lo considero muy útil, no estoy de acuerdo con que siempre debamos aplicarlo.

Las descripciones directas no tienen nada de malo. En cualquier libro de un autor respetado estoy seguro de que encontrarás frases como: llovía a raudales, hacía calor, la luna brillaba. Ahora bien, usar solamente descripciones básicas puede dar una sensación de excesiva simplicidad. Un autor siempre busca presentar las cosas de otra manera, no solo por parecer original sino porque se aburre de decir lo mismo de la misma forma una y otra vez. Además, las imágenes originales son más propensas a quedarse en la mente del lector justo por su novedad.

Para crear imágenes sugiero que cambies el punto de vista de lo que quieres mostrar, es decir, la mirada, tal como hacen los notables directores de cine que varían la perspectiva de la cámara para mostrarnos escenas desde puntos de vista novedosos.

Tal como el ejemplo de Chéjov, si tu mirada se posa en la luna es natural que digas que brilla pues es lo que quieres resaltar, pero si miras al suelo verás su reflejo en los cristales rotos, que además proveen otra sensación (un cristal roto evoca una situación de reciente violencia que produjo su ruptura o de abandono si tienen tiempo allí). Intenta aplicar este principio para sustituir otras descripciones. Por ejemplo, para decir que alguien tenía calor mira sus gotas de sudor en la nuca, las manchas bajo las axilas empapadas, su lengua seca por la deshidratación, las plantas marchitas (si es un periodo largo de calor), los perros refugiados en pedacitos de sombra, etc.

Recuerda que tampoco tiene nada de malo decirlo de manera directa, pero le brindarás un panorama más amplio y profundo al lector si buscas diferentes perspectivas. Siempre las hay, por eso el lenguaje no se agota.

***

*Ya tengo las palabras. Lo que busco es el orden
perfecto de las palabras en la frase. Puedes ver
por ti mismo la cantidad de formas diferentes en
las que podrían estar dispuestas.*

James Joyce

***

Justo de eso se trata el estilo, de ordenar las
palabras, que son iguales para todos, pero cada
autor las dispone de forma diferente.

Hay estilos más elaborados o más directos.
No te inquietes si el tuyo es uno u otro, lo
importante es que te sea natural, que sientas que
fluye. No me refiero a que tu estilo de escritura sea
la primera forma como te salgan las palabras, sino
que a la hora de reescribir y corregir vas a
decantarte por una disposición de las palabras,
una puntuación de las frases y un tipo de discurso
(trágico, cómico, irónico, nostálgico, paranoico,
etc.) Hay autores de frases largas con muchos
incisos, otros de frases más breves. Hay quienes
son más descriptivos, oníricos, acelerados,
abundantes en imágenes, otros son musicales,
cáusticos, reflexivos. Me atrevería a decir que hay
tantos estilos como autores; aunque es cierto que

abundan escritores de los cuales es difícil identificar rasgos particulares de su prosa aunque nos encanten sus historias.

James Joyce era un obseso del estilo. En parte, el suyo se basaba en parodiar, recrear y subvertir los estilos de sus antecesores. Su obra cumbre, *Ulises*, parece escrita a cien manos, no solo por su extensión sino por la variedad de registros. En su intraducible *Finnegans Wake*, Joyce dinamitó la noción de estilo al inventar vocablos y giros que solo pueden entenderse en el contexto de su obra. Es un caso limítrofe de experimentación con el lenguaje.

***

Escribe ebrio, edita sobrio.

Ernest Hemingway

***

Al principio había pensado en comentar este consejo en el capítulo de la reescritura, pero creo conviene más acá por la idea de que el estilo es también la conjunción de nuestra parte oscura con nuestra parte luminosa. Si lo queremos tomar literalmente, debo decir que no estoy nada de acuerdo con lo de escribir borracho, las veces que lo intenté me quedé dormido sobre el teclado. Prefiero interpretar este consejo como el dejar salir todos los monstruos para luego domarlos al momento de editar.

***

Siempre sé un poeta, incluso en prosa.

Charles Baudelaire

***

Aunque son dos territorios diferentes, la buena prosa debe escribirse con la misma devoción con la que un poeta elabora sus versos. El consejo se refiere más al cuidado de pensar las frases que a la búsqueda de un ritmo y musicalidad (que la poesía lo exige pero la prosa puede prescindirlo).

Prefiero mil veces una historia escrita en un estilo llano, de frases cortas y acciones contundentes, a una prosa elaborada y adornada, pero que no cuente nada interesante y cuyos personajes y acciones carezcan de profundidad. En la narración lo importante es contar y por eso las historias que resisten el paso del tiempo soportan las malas traducciones y siempre serán vigentes.

Toda la buena prosa se basa en los verbos que soportan y mueven las frases.

F. Scott Fitzgerald

Ficción es principalmente movimiento. Sea lento o rápido, lineal o circular, todo lector de novelas y relatos suele esperar que la historia y los personajes avancen (o retrocedan, pero que se muevan).

Abundan las historias donde no ocurre casi o nada. En lo personal me aburren mucho. Quizá en el pasado me seducían las tramas existencialistas, pero con el tiempo he preferido volver a las raíces, a la narración que progresa y sorprende. Para que una historia avance es conveniente poner los verbos por encima de los adjetivos. Es decir, procura narrar acciones en vez de solo describir estados emocionales. Por supuesto hay que describir en una novela, eso da profundidad, pero en la balanza debe haber más movimientos que sensaciones.

Sé tú mismo; los demás ya están ocupados por otros.

Oscar Wilde

La sinceridad suena simple pero al principio es lo más difícil de conseguir. No intentes parecerte a otros escritores que admires o que sean exitosos, sino intenta de descubrir quién eres tú y parecerte a ese modelo.

No se trata de forzarse a ser original, ni de inventarte una personalidad colorida, sino de saber cuáles son tus obsesiones, tus temas, lo que te emociona, lo que te causa desasosiego, lo que te interesa.

Una vez que te identifiques a ti mismo y lo que quieres escribir tu prosa será más fluida, más necesaria, más vital, y por tanto única.

***

Al escribir no utilices adjetivos que se limiten a decirnos cómo quieres que nos sintamos con respecto a la cosa que estás describiendo. Es decir, en lugar de decirnos que una cosa era "terrible", descríbela de forma que nos aterrorice. No digas que era "delicioso"; haz que digamos "delicioso" cuando hayamos leído la descripción.

C. S. Lewis

***

Aunque este consejo es muy útil y probablemente es el que se puede aprovechar más al momento de crear imágenes sensoriales, hay ocasiones donde podemos ser directos y decir que la comida estaba deliciosa o que la noticia era terrible. No te preocupes o te sientas frustrado si usas adjetivos para describir un objeto, persona o situación. No hay que menospreciar la función de los adjetivos y en muchos casos funcionan mejor que una ambientación pobre o torpe. Yo aconsejo llegar a un balance que no se interponga con tu ritmo; por ejemplo, si estás en medio de una acción rápida donde hay una comida espléndida, usa ese adjetivo, y no una evocación del ambiente que distraiga o haga perder velocidad a la acción.

Como muchos otros consejos, este se refiere el ideal de la prosa, pero el ideal no siempre es lo que más funciona. Puedes comprobarlo buscando textos estéticos y eficaces donde se haya empleado una adjetivación directa.

MUSAS, EXPERIENCIA E IMAGINACIÓN

¿De dónde proviene el caudal de historias que produce un escritor? ¿Existen realmente las musas y la inspiración?

Yo prefiero creer que las musas no son más que la mezcla entre la voluntad, la curiosidad, la experiencia y la imaginación.

La voluntad es la fuerza, la disciplina y la determinación para convertirse en escritor y escribir casi a diario. La curiosidad es el deseo constante por leer con avidez, investigar fenómenos, datos históricos, y estar atento a lo que ocurre a nuestro alrededor. La experiencia es lo que nos ocurre a nuestro pesar o lo que procuramos vivir, así como la experiencia de todas las lecturas previas que han enriquecido nuestra vida. Y finalmente la imaginación es el ejercicio de soñar despiertos para inventar nuevos mundos porque el mundo en el que vivimos, con sus reglas y limitaciones no nos parece suficiente.

En mayor o menor medida estos cuatro elementos son la fuente de la literatura. No existe ningún manantial mágico ni hada de la inspiración, o en todo caso -como decía Pablo Picasso- "la inspiración existe, pero tiene que encontrarte trabajando", de lo contrario será una visita desaprovechada.

***

No se puede esperar a la inspiración, hay que ir a por ella con un garrote.

Jack London

***

No podemos ser pasivos y esperar a que las ideas lleguen por sí solas. El garrote es el lápiz o el teclado, tienes que estar sentado escribiendo, probando material, desechando mucho hasta que en ese juego de piezas que van y vienen encuentres por fin el caudal de la historia que quieres contar. Tal como lo hemos dicho otras veces: aunque hay que pensar y rumiar mucho antes de escribir, la mejor forma de pensar es escribiendo.

Lo mejor es un poco de autobiografía y mucha imaginación.

Raymond Carver

Para Carver la invención es crucial, y su mejor aderezo es la experiencia.

El consejo es bastante obvio en su mensaje, aunque igual me gustaría puntualizar que la autobiografía no necesariamente se refiere a lo que hayamos vivido, sino también a lo que hayamos visto de primera fuente. No todos tenemos la fortuna -o padecemos la tragedia- de tener vidas particularmente excitantes. Pese a que todo lo que ocurre puede volverse literatura, a veces la rutina de ir a una oficina, comprar el pan, pagar la electricidad puede frustrarnos sobre todo si no queremos escribir una obra existencialista sino una trama con peripecias, giros y evoluciones. Hay vecinos, compañeros de estudio o trabajo, incluso figuras públicas de nuestro entorno a quienes sí les pasan cosas, y el hecho de haberlas presenciado o escuchado cuenta como parte de nuestra autobiografía. Nuestro entorno también es parte de nuestras experiencias, y de estas, aunque

sean ajenas, podemos echar mano para aderezar
la parte que es pura invención.

Siempre escribo por la mañana. Por la mañana la cabeza está especialmente fresca. Los mejores pensamientos suelen surgir por la mañana, después de despertarse mientras se está en la cama o durante el paseo.

León Tolstoy

Un aspecto práctico de cómo estar listo para cuando "las musas nos visiten" es establecer una rutina. No siempre disponemos de las horas que queremos pues otros deberes nos interrumpen. De las horas que tienes disponibles a lo largo del día escoge el tiempo y el lugar donde regularmente puedas sentarte a escribir. A algunos les funciona antes del amanecer o apenas raya el sol, otros a la hora del almuerzo, en la noche o en la madrugada. Aunque es válido probar las rutinas de otros para ver si nos sirven, diseñar la propia es lo mejor, incluso si la rutina consiste en algo tan peregrino como usar tres horas al día repartidas en diferentes momentos de la jornada. El asunto es usar el tiempo de manera efectiva y no dejarnos ganar por las excusas o las tareas cotidianas no literarias que siempre las habrá.

Creo que un escritor es alguien que presta atención al mundo.

Susan Sontag

Este consejo es una forma más elegante de decir que la inspiración está en la mirada, en el ojo inquieto y curioso. El mundo es, en gran medida, las lecturas, y la forma en que esos libros leídos hallan eco en el mundo que nos rodea.

Pero por más que seas del tipo de escritor que se nutre principalmente de libros, de vez en cuando conviene alzar la mirada al menos para darle contexto a lo que lees y sentir que perteneces a un lugar; del mismo modo que de tanto en tanto las ballenas suben de lo profundo a la superficie para respirar, es decir, para seguir vivas.

Es poco probable que un asceta sin acceso o interés por el mundo exterior esté leyendo esta guía. En todo caso, considero valioso el consejo sobre todo porque muchas veces lo que está sucediendo a nuestro alrededor es el germen de una valiosa historia, así que no conviene perdérselo por andar tan ensimismado.

La literatura es un sueño dirigido y deliberado.

Jorge Luis Borges

Algún día soñar será considerado el décimo o doceavo arte. En los sueños está cifrada la experiencia de la vida en su versión más pura y misteriosa. El arte es un acercamiento a esa parte de la psiquis que se revela al soñar o al crear. Es cierto que no siempre recordamos lo que soñamos, pero cuando lo hacemos, y cuando los sueños son muy elaborados, la sensación es la misma o mayor a la de haber leído un buen libro (es nuestro propio libro, claro está).

Como escritores somos algo así como los directores de nuestros sueños consientes; escribir puede ser una forma de soñar despiertos y con otras reglas. Sin importar si estamos más cerca de la fantasía o el realismo, lo que está en el papel es algo que no pertenece al mundo de lo cotidiano. Es una creación de una naturaleza parecida a la de los sueños o las pesadillas, solo que hay alguien que dirige tras bambalinas.

Te propongo el ejercicio de escribir una historia como si fuera el sueño de alguien más.

Verás que te sientes más libre y quizá aflore en tu prosa una riqueza inesperada como la de los sueños y las pesadillas.

****

Toda trama, digna de ese nombre, debe ser elaborada hasta su desenlace antes de intentar cualquier cosa con la pluma. Sólo con el desenlace constantemente a la vista podemos dar a una trama su indispensable aire de consecuencia, o causalidad, haciendo que los incidentes, y especialmente el tono en todos los puntos, tiendan al desarrollo de la intención.

Edgar Allan Poe

****

Debo confesar que nunca uso este consejo porque nunca he estado de acuerdo con esta idea. Aunque me considero más escritor y profesor "brújula" que "mapa", creo que ni siquiera estos últimos, a pesar de toda la planificación, conocen con exactitud el final de lo que escriben. Al menos, me niego a creerlo.

Si ya sabes el final de tu historia será algo forzado llevar a tus personajes a ese momento sin que sus acciones parezcan acartonadas. Pienso que se puede escribir intuyendo o deseando un tipo de final -tal como vivimos- pero sin tener la certeza de que el desenlace será ese.

En lo personal me resultaría muy tedioso escribir historias de las que conozca el final. Incluso vivir carecería de emoción y de sentido si supiéramos el día y las circunstancias de nuestra muerte o de importantes eventos futuros. Pero es cuestión de enfoques. En otros lugares he dicho que prefiero escribir las historias desde la mitad, así la inspiración se mueve en ambas direcciones, hacia adelante y hacia atrás.

En el transcurso de la escritura de mi primera novela, aprendí varias cosas. En primer lugar, que "inspiración" es una mala palabra que los autores tramposos utilizan para parecer intelectualmente respetables. Como dice el viejo refrán: el genio es un diez por ciento inspiración y un noventa por ciento transpiración.

Umberto Eco

Este ingenioso juego de palabras tiene todo de cierto. Decir que no hemos sido visitado por las musas o que no nos sentimos inspirados para escribir puede convertirse en una excusa eterna. La parálisis es lo contrario a la creación, pues la creación es movimiento, ensayo y error, sudor y lágrimas.

Cuando te pregunten por qué no has escrito nada nuevo o por qué no has avanzado en tu proyecto en curso y pienses en responder que *no has estado inspirado*, mejor muérdete la lengua y ponte a trabajar.

***

*Un libro debe ser el hacha que rompa el mar
helado dentro de nosotros.*

Franz Kafka

***

Como lector recibirás el hachazo cuando leas un libro potente que te llegue al alma. Como escritor el golpe debes dártelo tú mismo en el pecho. Eso es la inspiración para Kafka, el golpe crucial que va socavando lo que creemos que somos para llegar hasta el fondo, hasta lo que realmente somos bajo el témpano. Inspiración puede ser también obsesión, deseo, soledad, turbación, locura, desamor... Busca tu propio sentimiento que pueda ser el equivalente para ti, tu propia hacha.

EL FANTASMA DE LA PÁGINA EN BLANCO

El legendario terror a la página en blanco es el miedo ante la posibilidad de no poder escribir más, que se nos hayan acabado las ideas, la inventiva, la necesidad. No a todos los escritores lo experimentan, y muchos lo resuelven poniéndose manos a la obra y llenando el vacío con palabras. Pero a otros los paraliza, y la parálisis puede derivar en trauma al punto de dejar de escribir por largos períodos.

Para alguien que ya ha escrito varios libros le puede servir de consuelo y estímulo pensar que si ya la hazaña se hizo anteriormente se puede repetir, pero cuando estás empezando no tienes un pasado con el cual comparar y ello puede derivar en una frustración que quizá te aleje del oficio de la escritura.

Es normal que muchas veces nos paralicemos un poco, pero hay que hacer un esfuerzo por revertir esa sensación y que no se vuelva un hábito. En muchos oficios también existe el enfrentamiento a la página en blanco con cada nueva tarea, pero los arquitectos, diseñadores de moda, ilustradores o médicos no se paralizan ante ese fantasma. Siguen adelante y ya.

Aunque entiendo que el vacío de la hoja limpia pueda intimidarte, escribe algo, no importa que la frase te suene pobre o prescindible, esto puede ayudar a que ya la hoja contenga algo y el mítico temor se esfume. Veamos qué aconsejan algunos escritores sobre este tema.

***

A lo largo de veinte años, probablemente he promediado quinientas palabras al día durante cinco días a la semana. Puedo producir una novela en un año, y eso me da tiempo para la revisión y la corrección del manuscrito.

Graham Greene

***

Piensa en pequeño, me refiero a pequeñas cantidades. Si cada vez que sientas al teclado tienes en mente todo lo que te falta para concluir tu tetralogía de mil páginas por volumen te sentirás como si tuvieras que cruzar el continente a pie. Lo mejor es solo unos pocos kilómetros por día. Lo mismo ocurre con las doscientas, quinientas o mil palabras mínimas diarias. No hay un número mágico al respecto, así que establece tus propias metas, una cifra que sea manejable y realista para ti.

Mi comentario a este consejo tiene poco más de doscientas palabras. Tres veces esta extensión no es realmente tanto, así que puedes conseguirlo cada día. Y ni siquiera tiene que ser a diario, puede ser inter diario, o puedes descansar los fines de semana, o incluso puedes saltarte un día y al siguiente cumplir tu cuota establecida.

Con el tiempo, estas cantidades te parecerán tan pocas que podrás escribir mucho más sin darte cuenta.

Así que, en resumen, no pienses en la página en blanco sino en la cantidad de palabras que te hayas propuesto escribir sin falta cada jornada de trabajo. Es cuestión de paciencia y perseverancia para que todas esas páginas vacías se vayan llenando poco a poco.

***

Olvídate de los libros que quieres escribir. Piensa sólo en el libro que estás escribiendo.

Henry Miller

***

Para que no te estanques, trabaja y pon tu mente y corazón en un solo libro a la vez, en un capítulo a la vez, en una escena o diálogo a la vez. Concentra tu atención en ese instante sin mirar hacia adelante ni hacia atrás.

Si te sientes constantemente paralizado porque estás pensando en otro libro por escribir y no en el que tienes entre manos, entonces pasa a aquél, el punto es que no te distraigas. Una obra se construye poco a poco; mientras pinta, un artista no está pensando en los mil cuadros que realizará en toda su vida, así como un ingeniero no se demora pensando en todos los puentes que construirá. Lo único cierto es el presente, la obra en curso y por eso conviene trabajar en consecuencia. No está mal que tomes alguna nota que se te haya ocurrido para algún proyecto distinto mientras escribes uno, pero debes volver rápidamente al que estás trabajando y cumplir con lo que te hayas trazado como objetivo ese día.

Puedes arreglar lo que sea excepto una página en blanco.

Nora Roberts

Repite en voz alta esta frase cada vez que sientas que las palabras no brotan de tus dedos.

Escribe como te salga, no medites en exceso las frases antes de escribirlas pues solo se logra una buena frase una vez que está sobre el papel y la puedes corregir. Como vimos en el apartado de reescritura, lo importante es la edición y revisión; no esperes que una primera frase sea perfecta, ni siquiera aceptable. No te preocupes por tus primeras versiones aunque suenen como balbuceos de un niño que está aprendiendo a hablar. Eso siempre puedes editarlo, modificarlo o descartarlo. Te será más natural fluir sobre algo ya escrito que sobre algo solamente pensado. Somos escritores porque ponemos palabras en papel. Mientras las letras estén revoloteando en la cabeza solo somos pensadores o meros diletantes.

Como ejercicio, siempre puedes escribir algo aunque no pienses utilizarlo en tu libro: la comida de un personaje, lo que soñó, un regalo que recibió en su cumpleaños, los versos de un poema que leyó en la infancia, una noticia ficticia de un periódico donde ocurre tu historia, un diálogo anodino de tu personaje en una tienda de comestibles... cualquier cosa te puede llevar a avanzar.

Siempre hay, por supuesto, esas terribles tres semanas, o un mes, que tienes que pasar cuando intentas empezar un libro. No hay ninguna agonía como esa.

Agatha Christie

Si una escritora tan prolífica como Agatha Christie padecía los comienzos antes de perseverar, lo mismo podemos hacer nosotros.

El arranque es como una carrera de bicicletas que empieza en una cuesta muy empinada, podemos sentir que no nos movemos en los primeros metros, pero hay que seguir. Una vez superada esta etapa todo fluirá mejor, bien sea porque terminemos el proyecto o porque decidamos descartarlo para darle paso a otro.

También pienso que no solo el arranque es difícil. A veces podemos estar en la mitad o incluso más avanzados y padecemos la agonía de sentir que no somos capaces de continuar. Piensa en el ejemplo de la carrera, y que este bache es una cuesta más en medio del camino. Debes seguir a pesar de las eventuales frustraciones. Todo arte es un ejercicio de voluntad.

***

Escribe un cuento a la semana, no importa la calidad inicial, al menos estás practicando. Al final del año tendrás 52 historias cortas. Y te desafío a que escribas 52 cuentos malos. No se puede hacer.

Ray Bradbury

***

Escribir a diario, o al menos con mucha constancia, es la única forma de mejorar. "La cantidad produce calidad. Si sólo escribes unas pocas cosas, estás condenado al fracaso", decía también el autor de *Fahrenheit 451*.

Toma el consejo como un reto. Al llevarlo a cabo, además de mejorar con la práctica, el tema de la página en blanco ni siquiera te inquietará pues tu propósito será bien claro: escribir una historia cada semana.

Una historia semanal o diaria durante cierto tiempo te dará una agilidad increíble y mucha disciplina.

Aunque todos los consejos recopilados en esta guía tienen un enfoque para el autor solitario, en este punto te invito a que hagas este reto de escritura con algunos amigos que también se estén iniciando en el arte de narrar.

***

Cuando tengas algo que decir, dilo; cuando no, también. Escribe siempre.

Augusto Monterroso

***

No esperes a tener una idea para escribirla. La mayoría de las buenas ideas se producen cuando las cuentas o las pones en papel, no antes.

Tal como hemos dicho reiteradamente en este libro, solo se puede escribir escribiendo. Flannery O'Connor decía: "Escribo porque no sé lo que pienso hasta que leo lo que digo. Escribo para descubrir lo que sé". En efecto, ese proceso no puede ocurrir antes de que las palabras estén en el papel, pues los procesos mentales son vagos hasta que los aterrizamos. Es una noción tan obvia que a veces la pasamos por alto, y por ello postergamos el acto de escribir.

¿Has escrito algo el día de hoy? ¿Aunque sea una línea? Monterroso es célebre por haber escrito varios de los mejores cuentos híper breves, algunos de tan solo unas pocas palabras.

***

Abandona la idea de que alguna vez vas a terminar. Deja de pensar en las 400 páginas y escribe sólo una página por día. Eso ayuda.

John Steinbeck

***

Si lo tuyo no es la brevedad, sino que tu aspiración es ser novelista de largo aliento, tómatelo paso a paso, escribe página por página. De una en una tienes una novela mediana por año y de tres en tres una de gran extensión. Por supuesto hay que tener en cuenta la edición, el recorte, la reescritura, pero mientras estás en el proceso del primer borrador no pienses en eso porque será abrumador.

A muchos escritores, establecidos o amateurs, les funciona llevar un registro en una hoja de cálculo o libreta de las páginas escritas por día. Ello sirve de estímulo cuando el número empieza a crecer. En lo personal, para los libros firmados por mí y para los que escribo con seudónimos, prefiero llevar el conteo por palabras en vez de por página. Las diferencias de tipos de letra, tamaños de fuente, los márgenes o el interlineado puede no darnos una medida estándar en distintos proyectos; en cambio el conteo de caracteres o de palabras es más preciso y todos los procesadores de texto tienen esa herramienta. Sea cual sea el método que elijas, piensa que tienes solo un día a la vez, es una ley de la física a la que no escapa nadie.

TU LECTOR IDEAL

Algunos consejos de escritores abordan el tema del destinatario. ¿Para quién escribo? ¿Qué tipo de lector disfrutará mi texto? Incluso si la respuesta sobre tu motivación como escritor es que escribes para ti y para nadie más, si tu objetivo es publicar y no quemar tus textos, entonces necesariamente hay alguien que encontrará tus páginas.

A muchos les da igual quién sea ese supuesto lector, otros lo tienen muy claro. Y aunque la imagen del destinatario no debería influenciarnos a la hora de escribir, lo cierto es que no siempre podemos evitar pensar en ello.

Por supuesto habrá lectores que odiarán nuestros escritos, otros que se burlarán, se aburrirán, los menospreciarán, pero también -si nuestro trabajo es bueno- habrá lectores que lo disfrutarán, subrayarán pasajes, nos citarán y nos recomendarán. Entre estos habrá quienes rían, se asusten, se entusiasmen, queden satisfechos o esperen leer más de nosotros...

El lector o lectora ideal es aquel que en nuestra cabeza será quien valore, entienda y disfrute el libro de la manera en lo que tenemos planeado. Es muy difícil que exista alguien con todas esas características y gustos. Sin embargo, esa figura abstracta, casi fantasmagórica, guía los pasos de muchos autores que piensan en un receptor cuando escriben.

*

* * *

Escribe para complacer a una sola persona. Si abres una ventana y haces el amor a los mundos, por así decirlo, tu historia cogerá una pulmonía.

Kurt Vonnegut

* * *

No está mal escribir pensando en alguien en particular, o al menos en un tipo de lector en específico. En parte, escribimos y publicamos para gustar, para agradar o molestar a otros. No importa que firmemos con seudónimo o que estemos alejados del mundo editorial; siempre aspiramos que nuestros lectores disfruten, piensen, se inspiren o padezcan (en el sentido catártico del término) con lo que escribimos.

Pero no abuses queriendo escribir para muchos, pues en el afán de complacer a varios terminarás por crear un batiburrillo. Vonnegut aconseja escribir para una sola persona. Yo creo que se puede ser más permisivo y escoger un puñado de lectores -quizá tres o cinco- para nuestra obra, siempre y cuando no sean tan distintos en gustos unos de otros.

En algunos de sus consejos, John Steinbeck también sugiere que escribamos para una sola persona, una conocida o inventada. Me inclino más por alguien real, no importa si lo conoces en persona o no. Alguien real tiene una personalidad definida, si inventas un lector puedes caer en la trampa de acomodarlo para que a la fuerza le guste lo que escribes.

***

No trates de anticiparte a un "lector ideal": puede haber uno, pero está leyendo a otra persona.

Joyce Carol Oates

***

Hay autores que prefieren prescindir de la idea del lector ideal. Yo prefiero confiar en esa brújula aunque me lleve a un destino diferente al esperado. El lector ideal -aunque no exista o esté ocupado con otro autor- nos comunica en silencio sus reacciones a nuestro texto. Incluso, aunque alguien escriba para sí mismo, para destilar y traducir el pensamiento, la idea de ese lector invisible es de gran utilidad para establecer una suerte de interacción y así lograr un texto más claro para nosotros.

***

*Si realmente quieres entender algo, la mejor
manera es intentar explicárselo a otra persona.*

Douglas Adams

***

Esta frase no es exactamente un consejo para escritores sino una línea de diálogo de una de las novelas de Adams.

Me gusta la idea de que escribimos para comprender ciertas obsesiones, y ese destinario invisible es un espejo de nosotros que nos escucha y es capaz de comprendernos cuando ordenamos nuestro discurso. Explicarle algo a otro es también explicarlo para nosotros mismos. Aunque lo tuyo sea literatura más íntima, piensa en ese lector ideal como una suerte de confesor que debe entender con claridad tus pecados y obsesiones para poder comulgar contigo.

***

El público es el único crítico cuyo juicio tiene algún valor.

Mark Twain

***

Muchos escritores advierten del peligro, o la ingenuidad, de escribir para los críticos o para los profesores de literatura. Aconsejan en cambio escribir para el público lector.

La relación entre escritores y críticos no siempre es complementaria o produce un diálogo fructífero, a veces puede ser muy tensa, incluso áspera y venenosa. Antón Chéjov también coincide en este aspecto: "Escribir para los críticos tiene tanto sentido como darle a oler flores a una persona resfriada". No se trata de menospreciar a la crítica literaria, pero en general los escritores queremos lectores apasionados, entusiastas, sinceros. La crítica a veces puede ser tan fría que deja de lado la experiencia placentera de la lectura, el gozo estético, el disfrute por la aventura.

La crítica o el periodismo literario son oficios respetables pero que también tienen reglas particulares, intenciones políticas o incluso modas. Lo que los críticos de un momento aborrecen los de la siguiente generación alaban. Un crítico tiene motivaciones específicas y aciertos, pero sus dictámenes no tienen por qué ser palabras sagradas. Así que de todos los lectores ideales que puedas tener en la cabeza coincido con Twain y con Chéjov en que no escribas para el efímero aplauso de la crítica.

***

Una línea de apertura debe invitar al lector a comenzar la historia. Debe decir: Escucha, entra aquí, quieres saber sobre esto.

Stephen King

***

Hay decenas de miles de libros esperando a ser leídos. Nadie los leerá todos, es imposible.

Muchas veces un lector adquiere un libro por recomendación o porque le suena el nombre del autor, o porque le gustó la portada, o el título, pero eso no significa que lo empezará a leer, ni mucho menos que llegará satisfecho hasta la página final.

Si en la primera oración le das al lector una frase que lo enganche, que lo llene de curiosidad, que lo invite a pasar a la segunda oración y de ahí a la tercera, y luego a terminar el capítulo lo habrás ganado en parte. Escribir se trata también de seducir.

***

Si hay un libro que quieres leer, pero aún no se ha escrito, entonces debes escribirlo.

Toni Morrison

***

Creo que todo lo que queremos leer ya existe, aunque sea en otro contexto, otra época y otra cultura. Es cuestión de buscar. En lo personal, si quiero disfrutar de un libro novedoso, prefiero descubrirlo, no producirlo.

Me gusta interpretar este consejo más bien como el impulso a escribir algo que escape a las tendencias y que no sea parecido a todo lo que se escribe en muchos géneros.

Y hay muchos lectores esperando justamente eso: libros arriesgados, que no sigan las modas, que le den un giro a los estereotipos, que renueven las estructuras narrativas y los puntos de vista. Ese es el tipo de lector en el que conviene pensar cuando se escribe.

Cuando uno se aburre escribiendo, el lector se aburre leyendo.

Gabriel García Márquez

En efecto, es bastante probable que el lector experimente parte de las emociones que son el sustrato de tu escrito. Para no aburrirlo sorpréndete a ti mismo. Para no defraudarlo, cumple con lo prometido en tu texto. Para no hacerlo sentir tonto, no resuelvas situaciones con desenlaces fortuitos. Escribe siempre con emoción y consideración, la literatura y el arte son un crisol de nuestras pasiones y emociones. Si escribes con frialdad o con descuido, el lector te leerá como un témpano.

***

No pienses en tus amigos al escribir, ni en la impresión que hará tu historia. Cuenta como si tu relato no tuviera interés más que para el pequeño ambiente de tus personajes, de los que pudiste haber sido uno.

Horacio Quiroga

***

Para Quiroga no importan los lectores, sino los personajes; a ellos solo les interesa su historia, no quien la lee, pues ellos son entidades vivas que no están para complacer a ningún lector.

En parte es bastante cierto esto. ¿Pero acaso en nuestro día a día, nosotros, personajes de nuestra historia, vivimos solo para nosotros mismos? ¿Nuestros congéneres, nuestros dioses, o nuestras leyes no son acaso también una forma de lectores? Es realmente difícil vivir y ser en el vacío, como si la mirada de los otros no existiera. Pienso que incluso en la vida real hay un par de lectores ideales a quienes tenemos en consideración para muchas de nuestras acciones.

***

Si quieres escribir para ti mismo, consigue un diario. Si quieres escribir para tus amigos, hazte un blog. Si quieres escribir para otros... conviértete en autor.

James Patterson

***

Si bien un diario personal o un blog son textos escritos, un autor literario es aquel que tiene la aspiración de llegar al público para cambiarle la vida, no solo para hacerle pasar un buen rato o proporcionarle información útil.

Como autores de narrativa nuestro propósito es contar a los lectores historias inolvidables que los intriguen, que los emocionen, que los perturben, que los hagan pensar, que modifiquen su mundo o que hagan que momentáneamente lo olviden mientras están absortos en nuestras páginas. Desde Scheherazade y su entramado de historias contadas durante mil y una noches (para salvarse a ella misma y a muchas mujeres de la furia del asesino sultán Shahriar) esa ha sido la misión de los autores: contar para salvar, no siempre la vida, pero sí salvar del tedio, de la simplicidad o del absurdo del día a día.

Aun cuando escribas en palabras sencillas o tus historias sean sobre temas cotidianos, ten siempre en cuenta que un verdadero autor deja una huella duradera en sus lectores. Esa es la razón de la literatura.

ROMPE LAS REGLAS

Para cerrar, les dejo algunos consejos sobre la necesidad de romper las reglas y no seguir tendencias ni consejos. Estas citas no tienen comentario alguno pues se explican por sí solas. En ellas se exhorta a que cada autor busque su propio camino y deseche las experiencias ajenas.

Salvo la perseverancia y la avidez por la lectura, en realidad no hay fórmulas y cada escritor se enfrenta al reto personal de que su experiencia sea al tiempo renovadora y seguidora de una tradición. No hay reglas para que un libro sea bueno, pues si las hubiera sería muy fácil producir un gran libro en cada sentada, y si fuera así la literatura perdería su encanto. De manera que puedes quebrar todas las reglas e ignorar todos los consejos y aun así conseguir escribir un buen libro.

***

Hay tres reglas para escribir una novela. Por desgracia, nadie sabe cuáles son.

Somerset Maugham

***

Así es como se escribe: te sientas ante el teclado y pones una palabra tras otra hasta que está hecho. Es así de fácil, y así de difícil.

Neil Gaiman

***

Ignora todas las reglas propuestas y crea las tuyas propias, adecuadas a lo que quieres decir.

Michael Moorcock

***

***

Un escritor es alguien que ha enseñado a su mente a portarse mal.

Oscar Wilde

***

En literatura no hay temas buenos ni temas malos, solamente hay un buen o un mal tratamiento del tema.

Julio Cortázar

***

Si alguien te da un consejo que suena bien y que se siente bien, úsalo. Si alguien te da un consejo que suena bien, pero que se siente mal, no pierdas ni un segundo en él. Puede funcionar para alguien más, pero no para ti.

Etgar Keret

***

NOTA DEL AUTOR

Si este libro te resultó de utilidad o crees que pueda servir a otros lectores, te agradecería enormemente que me dejes una **valoración** y una breve **reseña** en la página de compra del producto.
Ese detalle, y compartir tu lectura en redes sociales, son las mejores recompensas para cualquier autor.
Gracias.

***

ESTEMOS EN CONTACTO

Si gustas escribirme, conocer otros de mis libros,
leer primeros capítulos de obras en proceso o recibir
notificaciones de nuevos lanzamientos o talleres
suscríbete acá.

No envío más de un correo al mes, a veces ni eso.

Detrás de todo escritor siempre hay un gran lector.

Para que lleves registro de tus libros leídos este
Diario de lecturas te será de gran utilidad.

- Más de 100 páginas para anotar tus comentarios, notas, opiniones, citas e incluso cómo conociste ese libro y en qué fechas lo leíste.

- Registra los aspectos más importantes o ideas que te inspiró cada libro

- Lleva en orden tu lista de lecturas pendientes o de deseos.

Consíguelo aquí:

Sobre el autor

Baltazar Boeuf (La Valeta, 1971). Escritor, traductor y fotocopista. Autor de las novelas *La Media Habitación, La Derecha Rebelde, La Lista,* entre otras. Miembro fundador del Proyecto Babel. Ha vivido en Mérida, Madrid, Ciudad de México, Los Ángeles y Coronel Pringles, ciudades donde ha dictado cursos de escritura creativa.

***

¿Quieres escribir una novela o un libro de relatos? ¿Buscas un manual breve, preciso y práctico? Entonces este *Taller de escritura creativa* es para ti Sigue paso a paso el proceso para escribir una novela desde cero, o aprende herramientas específicas si te encuentras atascado en alguna parte de tu proceso creativo En este taller práctico aprenderás a: construir personajes verosímiles, desarrollar una trama coherente, pincelar universos narrativos creíbles y estructurar tu futuro libro de manera ágil y clara.